JIMMY, JIMMY

Javier Lostalé

JIMMY, JIMMY

Javier Lostalé

JIMMY, JIMMY

[1976]

Notas para una lectura
LUIS ANTONIO DE VILLENA

Epílogo
LUIS ALBERTO DE CUENCA

colección

| BEATUS ILLE |

Jimmy, Jimmy
Javier Lostalé

Colección: BEATUS ILLE

Dirección editorial: Ilia Galán

© 2018 Javier Lostalé
© 2018 ARS POETICA (de la edición)
© Luis Antonio de Villena (Notas para una lectura)
© Luis Alberto de Cuenca (Epílogo)

Primera edición: Editorial Sala, 1976
Primera reedición: Huerga y Fierro Editores, 2000

EntreAcacias, S. L.
[Sociedad editora]
    c/Palacio Valdés, 3-5, 1ºC
    33002 Oviedo - Asturias (ESPAÑA)
    Tel. Administración: (+34) 985 792 892
    Tel. Pedidos: (+34) 984 701 911
    info@arspoetica.es | pedidos@arspoetica.es

1ª edición: octubre, 2018

ISBN (edición impresa): 978-84-17691-03-5
SBN (edición digital): 978-84-17691-04-2
Depósito Legal: AS 02248-2018

Impreso en España
Impreso por Quares

A Vicente Aleixandre

HACE MÁS DE CUARENTA AÑOS

Este libro que quizás llegue por primera vez a manos y ojos lectores fue publicado hace más de cuarenta años, y se reedita ahora por segunda vez dentro de la colección poética que, con rigor y belleza, está dando a luz Ars Poetica. No he dudado en asistir a este nuevo nacimiento porque creo que, aunque sea mi primer libro, en él ya se encuentran algunas claves de lo que sería mi obra posterior, tanto desde el punto de vista formal como temático. Además significa para mí rendir homenaje a Vicente Aleixandre que asistió a su escritura. Su huella, salvando todas las distancias, es fácilmente apreciable. Y todavía hay otro motivo añadido: la amistad mantenida a lo largo de décadas con dos de los poetas que ya participaron con sus textos en su primera reedición: Luis Antonio de Villena y Luis Alberto de Cuenca. Con ellos, y con Ramón Mayrata y Eduardo Calvo, figuré en la antología *Espejo del amor y de la muerte*, preparada por Antonio Prieto y con una presentación de Aleixandre, editada en 1971 cuando todavía ninguno de los cuatro habíamos publicado ningún libro. En fin: *Jimmy, Jimmy* nunca murió dentro de mí, y espero que viva también dentro de quien a él se acerque. Sería el mejor regalo.

JAVIER LOSTALÉ

NOTAS PARA UNA LECTURA

por

Luis Antonio de Villena

Los poemas de este libro —la poesía de Javier Lostalé más amplia-
mente— deben ser leídos como una historia. Una historia de dos
personajes, a veces casi sombra, y un deseo amoroso. Pero cuidado,
raramente lo escrito se libra de alguna forma de la biografía del au-
tor, aunque el lector —acaso no el crítico— debe hacer caso omiso
de tal biografía. En la historia de que hablamos existe final y prin-
cipio, pero no argumento. Quien lee debe tramar esa acción y debe
definir sus personajes, que al fin son sólo los suyos. La historia del
autor —y ya es bastante— es sólo aluvión de imágenes, líneas, lu-
ces, penumbras y una tensión de soledad y belleza. Todo lo demás
debe hacerse. Escribió Pessoa: «O Poeta é um fingidor». Y la frase
tal vez no es exacta, aunque tampoco mentira. Pero el lector debe
creer siempre en ella. Sólo así vibrará esa extraña relación de arte
que acostumbramos decir literatura.

Dos personajes y un deseo amoroso. Y dos momentos — dos tipos de poema— en esa relación cuyo fondo es el amor. La comunicación, el poema aclara sus imágenes y la circunstancia tiende a concretarse, o la soledad, las imágenes se abisman, y la historia se hace instante detenido, monólogo. Y en todo este decurso un cierto juego de símbolos, cuyo significante debe aceptar el lector —es parte del intento de belleza del poema— pero cuyo significado sólo a él pertenece. En Jimmy, Jimmy, *esos símbolos son la luz, en todas sus formas, los pájaros, el cuerpo joven y un desolado anhelo de pureza, de pureza manchada. La luz sobre todo, el resplandor; el halo, la penumbra, el alba, la hoguera, cruza todas las páginas del libro. No importa ahora buscar su significado.*

Dos autores laten fundamentalmente tras los poemas de Jimmy, Jimmy: *Vicente Aleixandre y Luis Cernuda. La comprobación, por lo demás, es fácil. Pero no hablo, claro es, de una influencia sin asimilar, sino de una línea de lenguaje y de poética, de una sucesión o de una tradición, de la cual está hecha la literatura y de la que nadie —aun por la negación— puede librarse. No hablo pues de influencias, ni de fuentes, sino de relaciones y de comunidad de palabra, que es al fin uno de los grandes senderos por los que avanza una cultura.*

Si quisiéramos rastrear alguna relación más —pistas que puedan ayudarnos a la lectura del libro— tendríamos que ir a Lorca, y tal vez —aunque esto más lejanamente— a ciertos autores, Bousoño, Claudio Rodríguez, Valente, de los que comenzaron a publicar hacia 1950 más o menos.

Hay en Jimmy, Jimmy *otro elemento importante, que aunque obvio, conviene marcar antes de la lectura. Me refiero a la imagen surrealista. Imagen surrealista que con mayor o menor intensidad cubre todos los poemas, y que está siempre en función de unos estados de ánimo y de una sensibilidad eróticos. No es pues una decoración, ni siquiera connotativa— aunque la connotación exista siempre en la imagen y más en la surrealista— sino un elemento fundamental en la expresión de la historia de dos personajes y un deseo amoroso.*

Y basta. Jimmy, Jimmy *es ya sólo una sugerente y espléndida invitación al gozo de la lectura. Al laberinto exultante del arte. Una seducción que espera. Quizá al tono de esa seducción no le irían mal —final de estas palabras e inicio de las otras— aquellos versos de Jules Laforgue, el simbolista, que bien podrían ser umbral de clausura de una historia:*

«*Partout le grand ciel gris, le brouillard et la mer, / Rien que l'affolement des vents balayant l'air, / Plus d'heures, plus d'humains, et solitaire, morne, / Je reste là, perdu dans l'horizon lointain / Et songe que l'Espace est sans borne, sans borne, / Et que le Temps n'aura jamais… jamais de fin.*»

I

«La incierta hora con nubes desgarradas
el río oscuro y ciego bajo la extraña brisa,
la rojiza colina con sus pinos cargados de secretos,
te enviaban a mí, a mi afán ya caído,
como verdad tangible.»

LUIS CERNUDA

CON EL ALBA...

Los pájaros se ciegan con tanta luz
y estrellan su frágil cabeza contra una roca.
Allí quedan sus alas tronchadas bajo un cielo ceniciento.
Allí, donde el puro silencio, su pecho se hará olvido.
Con la noche los árboles habrán enterrado su último canto
y una gota de sangre todavía señalará el lugar del amor.
Un coro de manos elevó al cielo una llama
con la forma de su corazón
y su vuelo desde entonces se hizo triste.
Sobre la llanura débiles pulsos agonizan
mientras los hombres encienden sus cuerpos
en el aire tibio de la tarde.
Son apenas brillos que en su tímida pureza
hiriesen, con alguna pluma o recuerdo, la frente humana.
Algunos, en un último intento de salvarse
buscan la engañosa claridad del agua
que un día, con su espuma, les abrió los ojos.
Y allí mueren, arrasados, oscuros;
sus cuellos flexibles, bellos como una rama inclinada,
desciendan ante el olvido de los peces.
El universo permanece mudo

y lentas hogueras atraviesan el horizonte.

Con el alba, un pájaro romperá los cristales de la mañana

y encontrará sólo sombra.

NIÑO

Cuando eras niño
acostumbrabas a mirar el horizonte
y entendías fácilmente
el crujido de algunas tardes.
Los trenes pasaban hondos
con su misteriosa carga.
Y tus ojos se asomaban al largo silbido.
Y no podían sentir el dolor,
pues eran aire pausado en la luz,
vida aún por nacer, soledad tibia
que busca vagamente un cuerpo.
Las noches eran sólo el tránsito,
la hora que prepara el vino de la mañana;
y si una flor oscura en tus labios
señalaba la resaca, el rincón, la bicicleta,
cuando la mano… y un sol de plomo,
pronto lo olvidabas.
En verano las noches eran abejas
abriendo heridas y posándose luego, apenas,
sobre la sangre en celo.
Las anchas avenidas de los árboles,

los túneles con el fantasma del mar al final,
el mantel y la húmeda llamada del sexo
entre las voces de los mayores,
todo se cerraba en ti,
todo se molía lentamente
en la noria de tu carne
mientras aguas impuras
iban, poco a poco, estrangulando
el arco iris de tus ojos.
Hoy tu pecho no permite
que nubes o velas lleven el sueño hacia poniente.
Opacas palabras te explican el mundo.
A veces, sin embargo, hay algo que todavía te aleja,
como si alguien que no sabes te llamara
y en silencio denunciase a tu antiguo niño.

CONSUMACIÓN

En el resplandor del mediodía
hay una tensión de pájaros carbonizados
mientras un aire en brasas
abre heridas en tus ojos.
La soledad es una transparencia sin memoria
y es fácil perderse en un aroma, o en esa gota de agua
que, como chispa, llega a tu rostro.
Una lluvia de luz trae
hasta tu pecho el dolor más hondo;
aquél que no tiene límites,
que es ave, deseo, extensión,
oscuro placer a veces
consumación serena en la impotencia.
¿Hasta esta música desdibujada —tan reconocible ahora—
qué cuerpos llegan y te condenan
o cómo se salvan al recordarlos?
Sin rostro llegan y algunos, como tú,
un día también en el dolor se descubrieron;
mas no puedes verles, porque hay un girar de puertas,
una agitada respiración, una confabulación de espejos
que los borra siempre.

Sus manos extienden, alzan, buscando
en la fragilidad del aire
hundir todavía sus dedos en el resplandor enfermo
que precede a la sombra total.
Pero tú ya no estabas. Tu paso se hizo olvido
con las últimas luces de la tarde
mientras alguien, desde no sabes dónde,
dejaba en tus ojos una suave tristeza
que hacía más imperceptible tu partida.
La luna entretanto descendía su pálida tormenta
y navegaba el sueño de los aún puros adolescentes.

MENDIGO

Entre harapos caminabas
pero el fuego hermoso de la tarde
en tu pecho escondías.
Músicas, luces, fugaces deseos,
como un airón que ardiese cruzaban el cielo
mientras tú, lejano, contemplabas su dulce engaño;
ya el secreto sabías de lo que arde alguna vez
para morir después dejando sólo dolor sin memoria.
En la noche, cuando tus ojos buscaban
consuelo a tanto amor,
la mirada suspendías en el viento
y lo transfigurabas.
Desnudo, tu cuerpo ofrecías a una mano
que comprobar quisiera allí la vida.
Manos sin compañía, sin nombre, en el horizonte caídas
que desde su soledad aún débiles señas te hicieran.
Nadie entendió la ascensión de tu sangre.
Nadie escuchó tu silencio.
Los hombres abrazados desfilaban,
sus cabezas derrumbadas por algún pensamiento o tristeza,
hacia las aguas hondas de la noche,

cuando una tibia claridad

descendió hasta sus cuellos

y fue entonces, cuando un momento, todos se reconocieron,

y hasta alguno quiso saber más.

Nadie vio nada. La noche

desde su altura los miraba

y alguien en alguna parte sonreía.

Un hombre solo, viejos son sus vestidos, cruza ahora el

                                    [puente.

Nunca había sentido una dicha mayor dentro del pecho.

HABLABAIS...

A Francisco Brines

Hablabais, y las mismas palabras
de un mismo tiempo parecían llegar.
Sofocados exprimíais vida
donde sólo muerte había.
Cielos nuevos querían traer
hasta vuestros ojos un soplo de amor,
pero eran ya sólo vacías sombras
en las que desesperadamente se abrazaban
cuerpos en silencio que el aire quemaba.
Las palabras, enfermas, resbalaban
sobre los pechos de los allí caídos,
y alguno, dulcemente se iluminaba a veces,
como si todavía posible fuese la vida;
pero pronto un oscuro deseo
en la sangre crecía
y mudos ya para siempre quedaban.
Sus cabellos, como lentas llamas
alumbraban paisajes tristes
y un corazón solo

suspendía en su dolor el mundo.

Acaso un pensamiento hubiese podido salvarles

mas sus frentes sin luz yacían,

la memoria ceniza ya sólo de un antiguo fuego,

mientras la tarde era una voz

que en el horizonte los borraba.

II

NO ERES

Si quisieras no ser tú
yo te haría de una claridad distinta.
Bajarías conmigo hasta ti,
olvido ya por amor,
y regresarías silenciosa después
—contorno de sueño, marea tranquila—
mientras un halo puro en mis ojos rompe
y ciego entonces te busco verdadera entre tus luces.
Sin nombre, porque eres impulso puro,
presencia que el aire sólo toca
y ya no es aire sino tristeza,
aprendo de tu continuo alejarte el amor.
Con tanto disimulo me salvas cada minuto
que mi costumbre de ti no puede entender ahora
esa galería de pasos, contraluz tenso,
sonido sólo por el que llegasen cuerpos de humo
que, a veces, misteriosamente te dobla
como a una rosa sin luz.
Pero tan callada eres
que posibles son todos los mundos en tu silencio
y puedo siempre crearte a la medida de mi soledad.

No conoces el lugar ni el tiempo,
te abres involuntaria, como una melodía,
a la secreta sabiduría de la tierra
y luego serena te ofreces,
indefinible ámbito para el corazón;
y hasta ti llego despacio
sin saber…
Y allí transcurro.

III

ENTRE TODOS...

A Santiago Martínez Lage

«Y el día es un muchacho herido.»
F. G. Lorca

Le habían matado entre todos.
Cercaron su débil naturaleza
con extintas miradas
que ahora, hálito sólo,
entregaban su terrible verdad.
Con gestos le llamaban desde su fatigada belleza
porque sabían que la pureza era un difícil equilibrio de los
[ojos,
talud por el que rueda un cuerpo si el sol insiste.
Un alentar de labios entre brumas de alcohol
acercaba en la música rostros envejecidos
que en su pálida llama le arrastraban.
Lentamente entonces comenzó a amar lo oscuro.
Era un perfil acorralándole siempre
que en círculos de luz tibia le asumiera
y así impotente lo dejase.
Manos llegaron hasta su sueño

y encendieron una tierra estéril

por la que navegaban las nubes bajas del deseo.

Un día, sin embargo, quiso pronunciar un nombre

que fuese como esa rosa que se mira

y en su frágil ascensión suspende el horizonte;

mas ya una piel llovía su suave tacto

y a su dulce destrucción sin remedio se abandonaba.

Entre todos lo habían matado.

La noche era una niebla luminosa

en la que emergían extrañas ruinas.

EL MAR

El mar no se explica.
Está para que lleguemos
y desnudos sintamos un frío a lo lejos,
como si estuviésemos a punto de morir o nacer.
No es hora de preguntar por nada o por nadie.
Es hora de quedarse quietos,
de anclar en el fondo de los cuerpos
y comprobar el desamparo de unos ojos casi tranquilos,
flotantes en la luz mojada.
El amor era como una grieta en el silencio abierta
que fuese lentamente destruyéndonos
mientras un pez en su salto
poblaba el espacio de soledad.
El tiempo se hizo entonces comba de dolor
y una palabra se dirigió al pecho para rematarle.
Sobre las rocas hombres yacían,
la memoria enterrada en algún astro,
y un viento de poniente arrastraba
ese último deseo que, como un débil destello,
agoniza en un agua indiferente.
La luz era un prolongado estertor

que en su belleza nos asumiera
y así nos condenase.
Y una noria de cuerpos
furiosamente se amaba
bajo un cielo calcinado.
El mar, el mar. Ese hondo miedo
ese grito solo, acabado en sí mismo,
que no nos comprende.

IV

HUGO Y JOSEFINA

I

Venías tan puro
que la escuela estaba cerrada.
Llegabas tarde porque la araña luminosa del bosque
te asumía en sus hilos de lluvia
y dejaba tus ojos sin tiempo.
La tarde era una nube roja alentando en el muro
cuando no sabías la lección.
Pensabas luego en Josefina
y era como un tempero que abriese su pecho
y pusiera el paisaje a punto de concebir.
De las aguas, a ellas llegado
desde una palabra con corola de sorpresa temblando,
desde una presencia transfigurada en la ventana,
un gigante que como sauce sobre tu cuello se reflejase
te alzaba en su hondo miedo
y temías ver a Dios en su tambaleante sombra.
En el disimulo de los mayores
encontrabas más a Josefina,
pero como nada sabías

todo sucedía como si tuviese la culpa

esta luz que fosiliza palomas aún ardiendo

o esa ascensión en que vivías.

Y si alguien se alejaba

tu tristeza era

como un otoño al que le faltase un pájaro.

Así, apenas una respiración que alumbrase un valle

[dormido, crecías.

II

Hoy, de madrugada, esferas húmedas flotaban sobre las

[calles

y los hombres se refugiaban en los trenes deformes

que, como ráfagas, el asfalto encendía.

Alguno, después, en la escalera fue sorprendido

por una cellisca de mariposas

y quedó muerto.

Nunca se supo por qué.

PUREZA

Quédate así. Asumido en tu propia luz.
No quieras tocar las orillas
que en invisible vaivén de transparencias
consuman tus ojos en un halo puro.
Que en tu pecho herido por la rosa inclinada de la tarde
la palabra no sea sino una hoja suspendida en el claro de
[la tormenta,
una forma luminosa de unos labios exhalada;
y que los cuerpos deriven junto a ti en silencio,
como un bosque arrasado por la luna.
Que alguien ciegue las miradas que resbalan en el vidrio
[de la madrugada
y en su rayo frío doblan al corzo adolescente.
No sepas nunca el miedo de los sotos
que queman las sombras de los trenes.
Voces caliginosas
con lentos relámpagos
te cruzaban el pecho,
mas ya tú amabas a un muchacho muerto
con los ojos abiertos en la niebla.
El deseo era un tibio cristal

en el que un árbol desnudo flotase

mientras alguien cruza,

y no roza,

pero queda.

Una lluvia de espaldas

reposaba dulce en tu retina,

mas desde tu frágil tiempo de amor

rehusabas ver sus rostros.

La noche te envolvía en sus olas de yodo

y pasaban los amantes en el contraluz de una nube

[cárdena

haciendo denso el aire oscuro del río.

Luego, el silencio cercaba puentes

a los que arribabas descalzo en el sueño.

Una mano que no sabes quiere ahora quebrar el pulso de

[tu mirada.

No digas nada. No regreses.

Quédate así. Bella pasión sola.

FUE SIN SABERLO

Fue sin saberlo.

Las copas de los árboles ardían

y ramas incandescentes

como ráfagas se reflejaban en las pupilas,

mientras un aire consumado de presencias

me acercaba cuerpos

nunca tocados. Sí desvelados

en el lúcido vapor de la fiebre.

Luego, con los años, escuché promesas;

no ciertas, resbaladas por el borde de la música

y los vasos de ginebra.

Inventé amor en cristaleras que te hacían bellamente

[extraño,

como un brillo al que me entregase.

Me consumí en el círculo tenso que el abrazo deja

y quise tocar la limpia carrera hacia el río,

el despertar del deseo, lo que no será,

en el aroma mojado de un cuerpo desnudo

que no proyectó.

Cuando te pensaba, el dolor

hacía traslúcido el paisaje

calcinando la mirada

que inútilmente buscaba en él tu rostro.

A veces hubo cuerpos no consentidos

en naves donde la culpa era un olor húmedo suspendido

[en la luz,

mientras se oían las voces de los muchachos fuera.

Hoy he puesto tu vida

al rito del fuego y el agua

para hacerte extenso olvido

y amarte todavía en el límite.

HACE FALTA…

«No sois vosotros, los que vivís en el mundo,
los que pasáis o dormís entre blancas cadenas,
los que voláis acaso con nombre de poniente,
o de aurora o de cénit,
no sois los que sabréis el destino de un hombre.»

VICENTE ALEIXANDRE

Hace falta una habitación de hotel

su despertar ambiguo en el que

los objetos se revelan a la conciencia

con la carga de una mano que resbaló por un rostro,

de una palabra que sonaba torpe

porque muchos años esperó;

del ascensor en el que

las miradas se cruzaban

con la debilidad de un perfume.

En las cortinas ahondado

el cansancio sin secreto

del que se entregó y duerme

mientras el amanecer es una pálida claridad

desde dentro alentada

que se refleja en la tela.

Y la memoria de un cuerpo prolongado allí
entre el frasco de jabón espumoso y la ducha,
en el vapor tocable.
Al salir a la calle los ojos se empañaban
de una tenue lluvia
que, como un mar reverberante,
conocido sólo por sus límites,
hacía borrosos los edificios.
Íbamos mudos, sabiendo que esta luz
no era sino el dolor de un tiempo
que destruyó nombres y fechas
para así evitar el recuerdo
que a una playa a veces lleva
donde escuchar un rostro familiar.
Pulpa de una música
por el pecho repetida
que hiciese los años furtivos;
de palabras con contorno de alga
que dejaban en los labios una tristeza
derramada hasta un cielo gris
apenas ya tocado por un relámpago.
Te miraba…
Parecías un desterrado

al que el aroma de una dalia

pudiese causar la muerte en una puerta giratoria.

Con tu alegre camisa abierta

como una vela que en visos cortase el aire

pretendías vencer al destino,

pero pronto unas manos encendían un bajío

y en su extraño flujo quedaba enredada...

...Cuando fuiste a abrir la puerta

un viento iluminó tu espalda

y un instante te vi desconocido y libre;

mas volviendo la cabeza dibujaste

un pesado humo que ni siquiera fue olvido

y dijiste: «Ven. Entra. Nadie nos espera.»

No siempre la luz nos acerca a la verdad de un rostro,
pues, soberana, desconoce esas manchas humanas que
[dolorosas se contraen
bajo su foco inclemente.
No siempre la palabra nos acerca a la verdad de un labio,
pues unas burbujas sonando nunca alcanzan un corazón.
No siempre una mirada nos acerca a la verdad de unos
[ojos,
pues unas ruinas recorrieron y desde entonces una flor no
[puede romper
con su claridad la turbia tela de aire que los unifica
[indiferentes.
No siempre el abandono nos trae una respuesta, ni el
[silencio
nos corta como aspas entreabriéndonos un paisaje.
No siempre. No nunca. Por eso todavía nos engañamos.
Y cogemos una cuartilla. Y vamos uniendo palabras.
Aunque sabemos que la verdad tampoco es ésta. Fuera
o dentro: soledad siempre: he aquí el poema.

RODAL

«Tú, rosa del silencio, tú, luz de la memoria.»

Luis Cernuda

Sólo queda para hilvanar la vida
este pequeño círculo luminoso,
atmósfera de luz,
que la mañana enciende en la montaña.
El dolor y el hastío cubrieron los años
de una calma opaca, agua
que inútilmente me mojaba
sin revelar sus ondas rostro alguno.
Así fui olvidando nombres, lugares,
climas de cuerpos amándose
que el aire impregnaban
y en lluvia oblicua
su tacto dejaban en los ojos.
Cerraron su horizonte las palabras
y la memoria no pudo rescatar
al extraño viajero que en las tardes adolescentes
tocaba el pecho con alguna alucinada respiración;
y el deseo se habría entonces a impalpables presencias

cuyo vapor enfermo nos duraba varios días.

Hoy nada queda de esto.

Por eso, ahora, camino

sin ecos que me aparten

de este paisaje solo;

acaso más puro.

Y al mirar, he visto

cómo la luz, sin prisa,

transfiguraba la montaña.

Y en su desnudo rodal

me he detenido un momento.

Una tristeza que de nadie llegara

se ha fundido con la luz

mientras los ojos,

reflejo sólo en la brisa,

olvidaban mi nombre.

UNA LUZ…

Una luz en pliegues
iba cercándote
con un ámbito
que ya no era soledad
sino espacio hueco
en el que el pensamiento se nublaba
sin poder reducir a verdad
algo de tu vida.
Como tantas veces
fuiste hasta un cuerpo
buscando más el olvido
que el conocimiento del amor.
Y esperaste luego esas tardes
en que el recinto de lo tocado
nos envuelve mágico
trasladándonos un momento.
No hables: sabes que todo se desvanecerá como un aroma
y quedarás aún más solo.
Callado, vive poderoso en tu derrota.
Nunca nadie podrá conocerte,
pues habitante del dolor

tus ojos se retiran siempre
si alguien llega.
Victoria sea tu tristeza
jamás cantada.

POEMA DE AMOR

Descendidos del silencio
tocado hasta la luz
nos encontramos más allá del río
que con sus dedos sin dibujo
los ojos velaba con relámpagos de agua.
La claridad era una temperatura de algas
en las que atravesados flotáramos
mientras tu cuerpo se alejaba trazando un arco triste
para que mis manos creasen
el fuego detenido tras el halo que te oculta.
En olas alcanzados
alguien pasaba apenas
y borraba el tiempo.
Rompías entonces con tus labios
el equilibrio del Universo
alentando un vuelo, un reflejo,
en el que olvidábamos nuestro nombre.

EL PUERTO

No existe el puerto
sino un fulgor húmedo
suspendido en el aire por tus ojos.
Y una bruma de vacilantes barcas
cristaliza una música que el pecho relampaguea
con el flujo de presencias reveladas en el relente del deseo.
El amor es una temperatura de huellas en la arena
de rostros chorreantes respirados en el resol
mientras la luz en la madera
hálito es de una entrega posible.
Como brillos punzantes en un cielo de tormenta
los cuerpos son atmósfera que nos invade hasta la lágrima
cegando el paisaje con un hondo tacto
que se deshace lluvioso en alumbradas montañas.
Extraño, como una sirena al atardecer,
dirá siempre el hombre a su amante: No nazcas.
El puerto es una tristeza que va encendiendo sus luces.

VI

VICENTE ALEIXANDRE

«La memoria de un hombre está en sus besos.»

VICENTE ALEIXANDRE

Yo conozco un jardín,

donde es, callado, el amor.

Hasta él silenciosas sombras se deslizan,

astros apagados que en otro tiempo cuerpos habitaron

y ahora soledad sólo cantan.

La verja cede vencida

por la tristeza de una mano

y un clima de árboles

suspende tactos que nunca denuncian un cuerpo

mas sí su misteriosa propagación.

Al fondo un rostro batido por la luz de unos labios

cuyo hálito los años no borraran,

que reflejase continuo un fuego

y secreta vida a la sangre comunicara,

proyectaba un ámbito

en el que el corazón se encendía solitario.

Sin tiempo unos ojos ahondaban la luz

y esos ojos eran mortales.

Desecado el pecho por violentas mareas

aún un fondo de espumas

arrastraba en su flujo

quemantes corolas de besos, respiraciones.

Y era el recuerdo

una vasta extensión roja

en la que un anillo y un guante

ardieran silenciosos.

Afuera la luna era una mancha dolorosa

que unos ojos inmóviles aplacaran

mientras los esqueletos amantes brillan un momento.

Tú, que el aislamiento del dolor padeciste

y elevándote potente sobre tus ruinas

con la palabra alentaste un universo

en el que el hombre libre se reconoce

y en destellos sereno descubre la raíz de su pasión,

contempla estas páginas que ya olvidamos

como olvida la sangre quién hacia el amor la convoca.

Tus manos, calcinadas por la belleza

con que el deseo caló el aire,

son un destino para las que

en la sombra se buscan

y esperan aún el cuerpo del roce.

Tus manos, nunca un gesto,

sí el espacio tenso que dejó un melena

ahora modelado por un imperceptible movimiento

que muestra un instante unos hilos quemados.

Las mismas que desde dentro mueven como un viento

la claridad de las montañas

cuyas ondas nos alcanzan al salir a la calle.

Y ya no sabemos que unos ojos más allá de la vida

una piadosa mirada envían al corazón del hombre.

Yo conozco un jardín

donde es, callado, el amor.

VII

BULTO HUMANO

En el muelle tumbado está,
encogido en la locura blanca de la luz
que lo hace invisible a los que por allí pasan.
Flotan en la tarde transparencias
que empujan hacia figuras hermosas amadas al trasluz,
pero imposible es ceder a la frágil claridad de sus formas
pues un bulto humano, como un sopor que en forma de
                                                    [nube
cubriera el difuso amor de todas partes proyectado,
ciega el placer de alumbrar unos labios con el tacto del
                                                    [sueño,
tapiando el paisaje con su propagación dolorosa.
El deseo lentamente entonces se pliega
en la alentada corola de luz
insinuada apenas por unos ojos desde lejos.
Y queda ya sólo el dolor sin misterio.
Y el mudo bulto en las aguas reflejado.

VIII

«…Porque el destino del hombre es el amor,
y cada uno tiene su propia lucha y su propio camino.»

FRANCISCO BRINES

HUBIERAN BASTADO...

Hubieran bastado unas cuantas palabras fieles,
ésas que se pronuncian como toda la vida
y que esta madrugada no escucho.
Un vaho de luz traspasa los rostros
y hay un hondo desamparo mudo en la música.
En la escalera una mirada vaporosa de muchacho
queda flotando como un largo dolor.
Nada esperan mientras la claridad fría
que derraman los puentes del amanecer
muestra sus labios gastados
como pálidas rayas de soledad
suspendidas en la penumbra.
Un joven llora en silencio
y sus lágrimas resbalan
por el denso aroma que le envuelve,
mientras el recuerdo es una onda espesa
que congela la imagen amada
ofreciendo sólo su iridiscente aliento
en ramas de luz quedado en las pupilas.
Hubiera bastado una mirada triste,
pues la tristeza toca lo vivido

con la íntima emanación del beso
y nos abre en silencio zonas
habitadas por ámbitos de cuerpos
aún conquistables.
Sin pudor, pues no hay memoria,
dibujaban con su debilidad el ritmo
y un perezoso fluir les anulaba en sus luces turbias.
Sin embargo, a veces, en el fondo de los gestos
se respiraba un valle apagado
continuamente alentado por unos ojos puros
que hiriesen el aire de la habitación.
Luego, buscaron al salir.
El cielo era un hueco
en el que las miradas se estrellaran
mientras láminas de luz
vaciaban sus cuerpos ya ni siquiera olvido.

EL MURO

Con sus dedos habían detenido
el incierto vuelo de luz de la mariposa,
y extendidas las manos hacia el muro
en un movimiento unánime de los ojos
la habían hecho resbalar por el centro de su asombro
mojándose en su polvillo luminoso.
Yo estaba entre ellos, aunque algo alejado.
Y escuchaba con la mirada sus nombres,
la alteración momentánea de alguno
que, sin romper el halo que los contenía,
con imperceptible gesto desplazaba una onda de luz
tras de la muchacha que acababa de pasar
y que nadie había visto.
Con frecuencia, y aprovechando su descuido gozoso,
mucho tiempo me quedaba mirándoles,
pero esto nada sorprendía
a los que creían ver en mi encendimiento
el natural sofoco del que se suma
a la pura ceremonia de hacer de la vida
el ámbito glorioso de un espacio y un lugar
rescatados al engaño del recuerdo.

Ausente la tarde caía

deslumbrada en su soledad;

y era su claridad cegadora,

y no la del muro,

la que a mí me llegaba,

como presagio de lo que iría cegando el amor

para dejar sólo soledad sin memoria.

Hoy unos niños con algo más que un juego

bellamente me olvidaban.

LOS AMANTES

Como si un tren fuera a llegar
y un paisaje completo hubiera a él resonado
confundiendo el tiempo,
pero el tren no llegara nunca,
así los amantes esperan en la estación furtiva
que siempre está antes y después,
mientras nombran con la inundación de las montañas
el conocimiento de sus cuerpos.
Y una propagación silenciosa de tactos
busca la última raíz de la luz
para allí brillar como olvido.
Los árboles lentamente entonces el tiempo restauran
en su mirada con su verde transparencia.
Por separado avanzan para escucharse en el bosque.
Y nada se oye,
pues ya no son los mismos,
sino una perdida memoria
que escuchase sólo el resbalar del deseo por las hojas.
Y si la corteza de un árbol tocan,
en el árbol muere el fuego
mientras se enciende una distancia

poblada por un cuerpo desconocido.

Regresar quieren a algún lugar

que borre toda incertidumbre sobre su amor,

pero ciega es la paz del cansancio

para recobrar alguna verdad.

Muertos yacen los amantes antes de haber nacido.

Olvidados, la luz al retirarse un día dibujará unos labios

que suavemente besarán el borde del Universo.

Y otros amantes, alcanzados por su dulce propagación

pensarán que ese hálito es suyo, y bello otra vez será el

[engaño.

DALE LA MANO

«Que nunca puro amor fue delincuente.»

QUEVEDO

Dale la mano a la niña
toca su invisible frontera
mientras flotando vas
en una respiración de árboles dormidos.
Avanza como una atmósfera de verano
que busca un objeto
donde limitar la clara ascensión de la mirada
y allí, sin suceso, puro derramar el corazón.
Pregúntale luego como el que sabe la respuesta
y da un rodeo para crear el misterio.
Anúdate a su libertad no conquistada
y no te detengas en los nombres que cruzan
como pozos que roban la luz
a tu continuo pasar en ondas
de su mano al sonido de un cuerpo no distinto,
de la melena rubia a las formas como iris
en los que una hoja temblase.
Pasa por la alegría sin detenerte en rostro alguno

como el fuego que conoce las sombras que proyecta en la
[montaña
y, sin embargo, solitario se consuma.
Sin sueño camina
que todo sueño movido es por un último horizonte de
[olas tristes
y una mano sin saber hoy apaga
lo que existe sólo por el deseo.
Hermosa es esta tarde la luz de lo perdido
porque nadie la resucitará desde su orilla.
Y si volver quiere alguien…
desde el olvido largamente amarás su anuncio
mientras la mano de una niña y no su memoria
te seguirá llevando en su resplandor.

EPÍLOGO

por

LUIS ALBERTO DE CUENCA

Viajaré con la mente y con la imaginación a 1970 (los viajes por el
tiempo son los únicos que siguen interesándome), cuando todos
éramos jóvenes y el mundo iba estallando en sucesivas explosiones
a nuestro alrededor. No sé muy bien ahora quién presentó a quién,
pero el caso es que entonces nos reuníamos semanalmente — creo
recordar que todos los viernes a las once de la noche — en el café
«Teide» del Paseo de Recoletos ni más ni menos que Rita Macau,
Javier Lostalé, Eduardo Calvo, Luis Antonio de Villena, Ramón
Mayrata y el que escribe estas líneas. De aquel grupo se iría pron-
to, primero a Barcelona y luego al cielo, Rita Macau, a cuya me-
moria dedicamos una antología que pretenciosamente se tituló
Espejo del amor y de la muerte *(Madrid, Azur, 1971).*

Javier había sido subdelegado de alumnos en el curso 67-68. Fue
en Derecho donde lo conocí, lo mismo que a Eduardo Calvo, con
quien organicé en la Facultad lecturas «progres» de poesía donde

leíamos Vientos del pueblo *de Miguel Hernández y otras verbosidades por el estilo. Luis Antonio y Ramón venían del Colegio del Pilar, o sea, que fue allí donde los conocí. A Villena muy pronto, en torno a 1966, porque recuerdo que ya éramos amigos antes de entrar en la Universidad, cuando él estudiaba Sexto y yo Preu; a Mayrata un par de años después, a raíz de que él dirigiera* Soy Pilarista *y me pidiera no sé qué colaboración para la revista, lo mismo que a otros ex directores de la misma. No quiero hacerme ahora demasiadas ilusiones al respecto, pero me da la sensación de que tuve bastante que ver en la formación de aquella tertulia en el «Teide» o, al menos, en el hecho de que se conocieran algunos de sus componentes.*

Ya he dicho que de todo aquello quedó un florilegio poético, el mencionado Espejo del amor y de la muerte. *Lo firmó Antonio Prieto, novelista y profesor en la Complutense que daba clases a Villena, e iba enriquecido con un pórtico de Vicente Aleixandre (de cuya poesía, por cierto, publicaría Javier, en 1971, una atinada selección que llevaba por título* Antología del mar y la noche). *Por aquel entonces visitábamos todos al gran poeta del 27 en su chalé de Wellingtonia (que él escribía «Belintonia» o, tal vez, «Velintonia»). Yo iba a verlo con Rita, que aún no se había ido a vivir al otro lado del espejo. Cuando salió la antología, los poetas del libro nos hicimos unas fotos con Vicente en su casa, de las que reproduje una al frente de mi artículo «La Generación del Lenguaje», aparecido en* **Poesía**, *la estupenda revista de Gonzalo Armero.*

La primera edición de Jimmy, Jimmy *vio la luz en enero de 1976, cuando las tertulias del «Teide» habían pasado a mejor vida y Beba estaba a punto de quedarse embarazada de Álvaro. En la dedicatoria de su libro, Javier, que siempre ha sido cariñosísimo conmigo — y yo con él: las cosas alguna vez son mutuas, felizmente, en la vida —, me puso una dedicatoria tierna y retrospectiva, en la que evocaba nuestras viejas reuniones en el café, nuestros proyectos compartidos. Hoy, casi veinticuatro años después, nuestra amistad sigue tan viva como entonces. A Javier le han ido reconociendo sus méritos poéticos y profesionales, y ambos hemos ido creciendo en sabiduría y bondad a los ojos de Dios y de los hombres. Dos amigos comunes de la Radio, Manolo H. H. y Roberto Loya, y una grácil rubia de Cáceres, Alicia Mariño, nos han unido aún más (si cabe) últimamente, porque Javier y yo charlamos y nos vemos con frecuencia, blindando para siempre una amistad que no vive tan sólo de recuerdos. Por ella alzo mi copa ahora, para que dentro de otro cuarto de siglo pueda seguir nutriendo nuestras vidas como lo ha hecho hasta el momento.*

Madrid, 25 de diciembre de 1999

ÍNDICE

HACE MÁS DE CUARENTA AÑOS   11

NOTAS PARA UNA LECTURA   15
por Luis Antonio de Villena

   I   21
Con el alba...   25
Niño   27
Consumación   29
Mendigo   31
Hablabais…   33

   II   35
No eres   37

III   39

Entre todos…   41

El mar   43

IV   45

Hugo y Josefina   47

Pureza   49

Fue sin saberlo   51

Hace falta…   53

V   57

No siempre la luz   59

Rodal   60

Una luz…   62

Poema de amor   64

El puerto   65

VI   67

Vicente Aleixandre   69

VII   73

Bulto humano   75

VIII   77

Hubieran bastado…   81

El muro   83

Los amantes   85

Dale la mano   87

EPÍLOGO   89
por Luis Alberto de Cuenca

*Esta obra poética de Javier Lostalé
terminó de componerse dentro
de las colecciones de*
ARS POETICA
*en el día 21 de
septiembre
de 2018*

(Equinoccio de Otoño)